AF205419

Impressum
Verlag: BABADADA GmbH, Nedderfeld 112 , 22529 Hamburg
Geschäftsführer / Verlagsleitung: Harald Hof
Druck: Books on Demand GmbH, In de Tarpen 42, 22848 Norderstedt

Imprint
Publisher: BABADADA GmbH, Nedderfeld 112 , 22529 Hamburg, Germany
Managing Director / Publishing direction: Harald Hof
Print: Books on Demand GmbH, In de Tarpen 42, 22848 Norderstedt

école

σχολείο

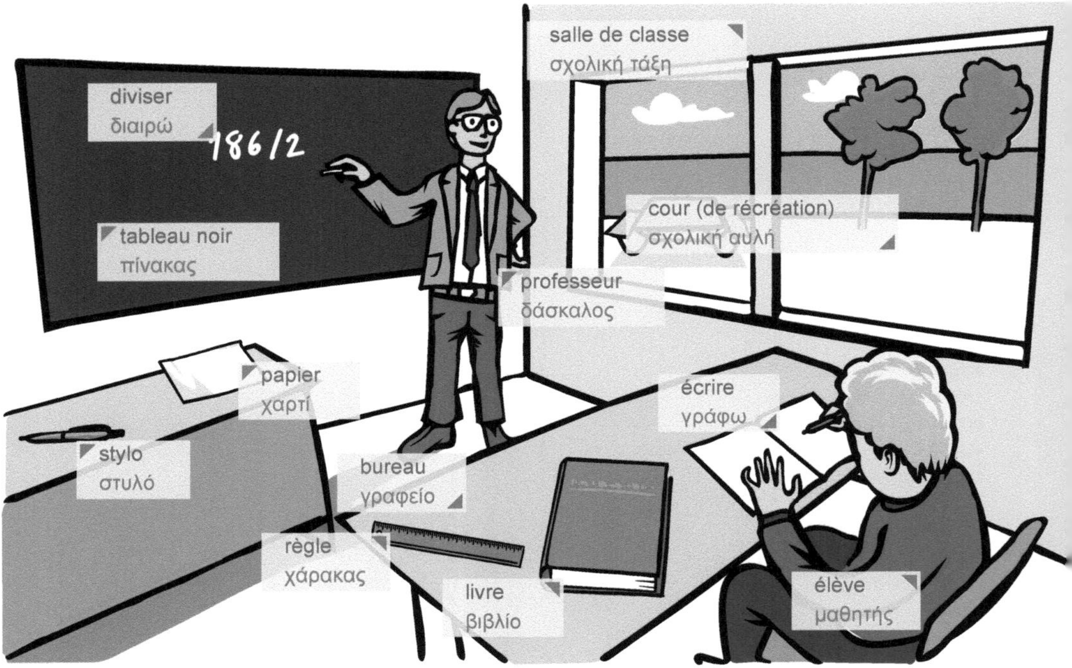
salle de classe
σχολική τάξη
diviser
διαιρώ
186/2
cour (de récréation)
σχολική αυλή
tableau noir
πίνακας
professeur
δάσκαλος
papier
χαρτί
écrire
γράφω
stylo
στυλό
bureau
γραφείο
règle
χάρακας
livre
βιβλίο
élève
μαθητής

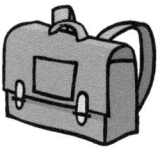

cartable
σχολική τσάντα

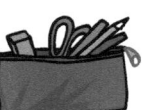

trousse
κασετίνα/ μολυβοθήκη

crayon
μολύβι

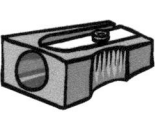

taille-crayon
ξύστρα

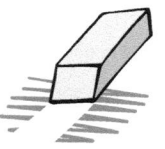

gomme
γόμα

carnet à dessin
μπλοκ ζωγραφικής

dessin

ζωγραφική

pinceau

πινέλο

boîte de peinture

κουτί χρωμάτων

ciseaux

ψαλίδι

colle

κόλλα

cahier d'exercices

τετράδιο ασκήσεων

devoirs

εργασία για το σπίτι

chiffre

αριθμός

additionner

προσθέτω

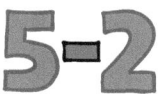

soustraire

αφαιρώ

multiplier

πολλαπλασιάζω

calculer

υπολογίζω

lettre

γράμμα

alphabet

αλφάβητο

mot

λέξη

texte
κείμενο

lire
διαβάζω

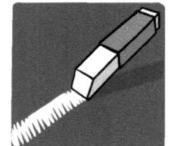

craie
κιμωλία

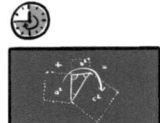

leçon
μάθημα

livre de classe
εγγράφομαι

examen
τεστ

certificat
πιστοποιητικό

uniforme scolaire
μαθητική στολή

formation
εκπαίδευση

lexique
εγκυκλοπαίδεια

université
πανεπιστήμιο

microscope
μικροσκόπιο

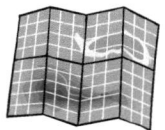

carte
χάρτης

corbeille à papier
καλάθι αχρήστων

voyage
ταξίδι

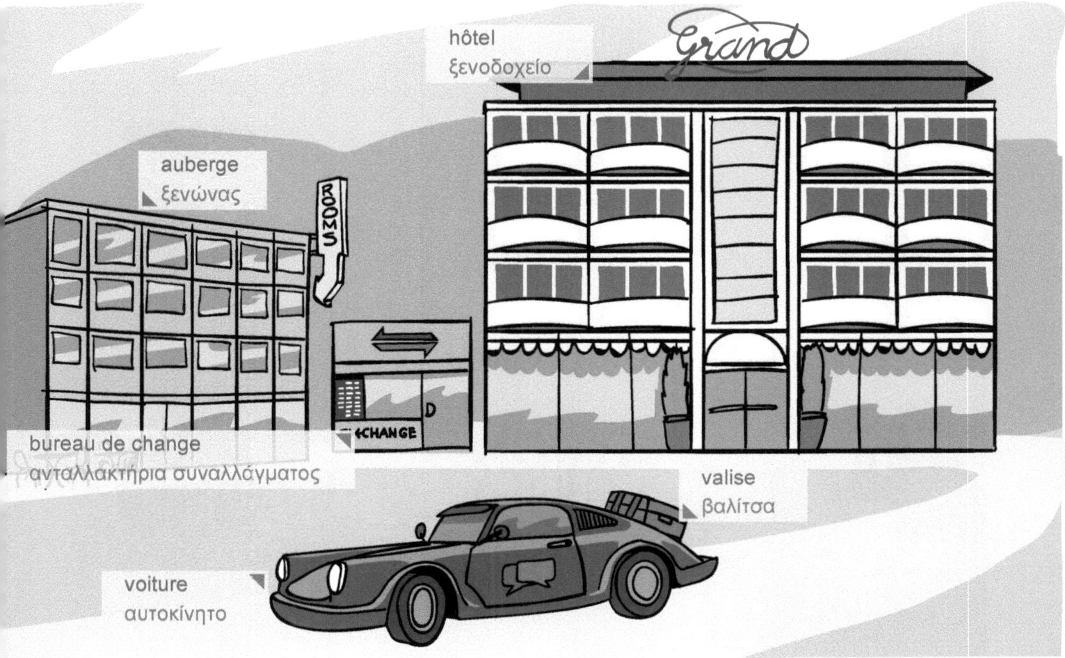
hôtel
ξενοδοχείο
Grand
auberge
ξενώνας
ROOMS
bureau de change
ανταλλακτήρια συναλλάγματος
EXCHANGE
valise
βαλίτσα
voiture
αυτοκίνητο

langue

γλώσσα

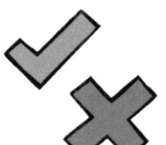

oui / non

ναι / όχι

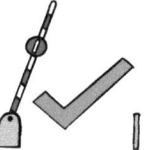

d'accord

εντάξει

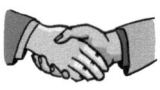

Salut

γεια σου

interprète

μεταφραστής

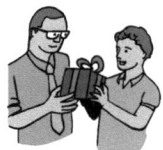

merci

Ευχαριστώ

Combien coûte...?

πόσο κάνει ;

Je ne comprends pas

Δε καταλαβαίνω

problème

πρόβλημα

Bonsoir !

Καλησπέρα!

Bonjour !

Καλημέρα!

Bonne nuit !

Καληνύχτα!

Au revoir

Αντίο

direction

κατεύθυνση

bagages

αποσκευές

sac

τσάντα

sac-à-dos

σακίδιο πλάτης

hôte

καλεσμένος

pièce

δωμάτιο

sac de couchage

υπνόσακος

tente

σκηνή

office de tourisme

τουριστικές πληροφορίες

plage

παραλία

carte de crédit

πιστωτική κάρτα

petit-déjeuner

πρωινό

déjeuner

μεσημεριανό

dîner

δείπνο

billet

εισιτήριο

ascenseur

ανελκυστήρας

timbre

γραμματόσημο

frontière

σύνορα

douane

τελωνείο

ambassade

πρεσβεία

visa

βίζα

passeport

διαβατήριο

transport
μεταφορά

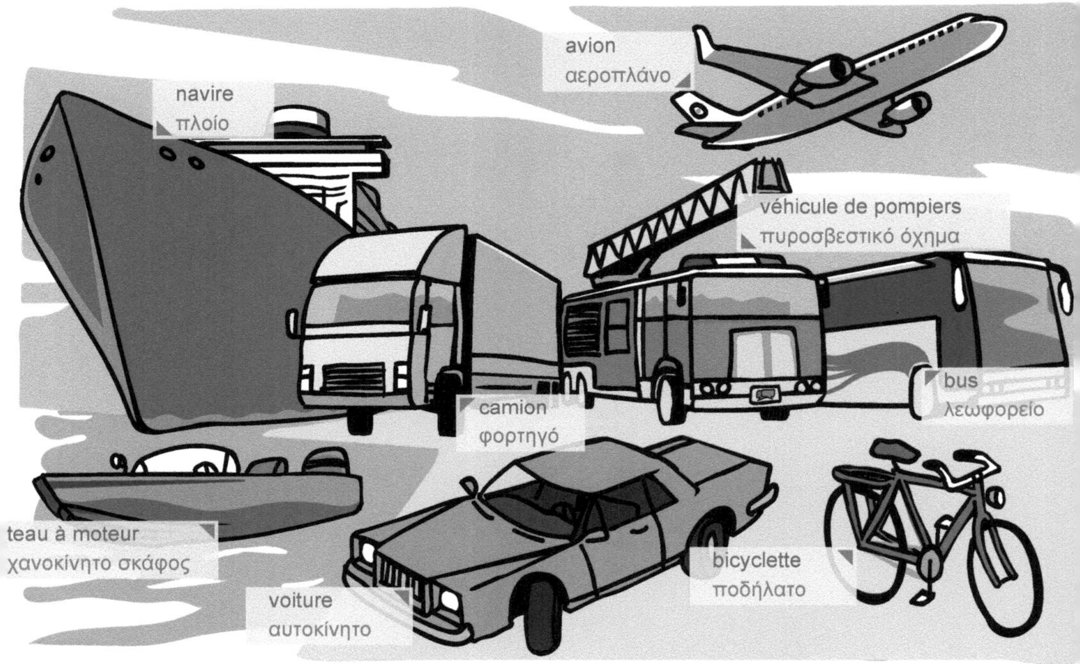

avion
αεροπλάνο
navire
πλοίο
véhicule de pompiers
πυροσβεστικό όχημα
camion
φορτηγό
bus
λεωφορείο
teau à moteur
χανοκίνητο σκάφος
bicyclette
ποδήλατο
voiture
αυτοκίνητο

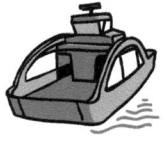

ferry

φεριμπότ

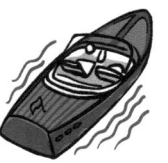

barque

βάρκα

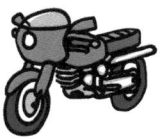

moto

μοτοσικλέτα

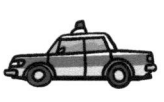

voiture de police

περιπολικό

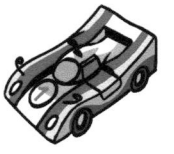

voiture de course

αγωνιστικό αυτοκίνητο

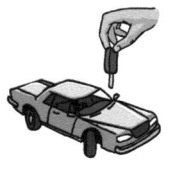

voiture de location

ενοικιαζόμενο αυτοκίνητο

auto-partage

διαμοιρασμός αυτοκινήτων

voiture de remorquage

γερανός

benne à ordures

απορριμματοφόρο

moteur

κινητήρας

essence

καύσιμο

station d'essence

βενζινάδικο

panneau indicateur

πινακίδα σήμανσης

trafic

κυκλοφορία

embouteillage

κυκλοφοριακή συμφόρηση

parking

χώρος στάθμευσης

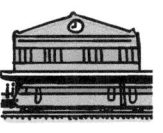

gare

σιδηροδρομικός σταθμός

rails

σιδηροδρομικές γραμμές

train

τρένο

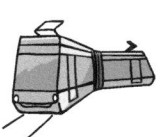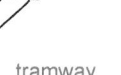

tramway

τραμ

wagon

βαγόνι

hélicoptère

ελικόπτερο

aéroport

αεροδρόμιο

tour

πύργος

passager

επιβάτης

conteneur

εμπορευματοκιβώτιο

carton

χαρτοκιβώτιο

chariot

καρότσι

corbeille

καλάθι

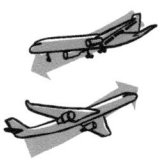

décoller / atterrir

απογειώνομαι /
προσγειόνομαι

ville

πόλη

village

χωριό

centre-ville

κέντρο της πόλης

maison

σπίτι

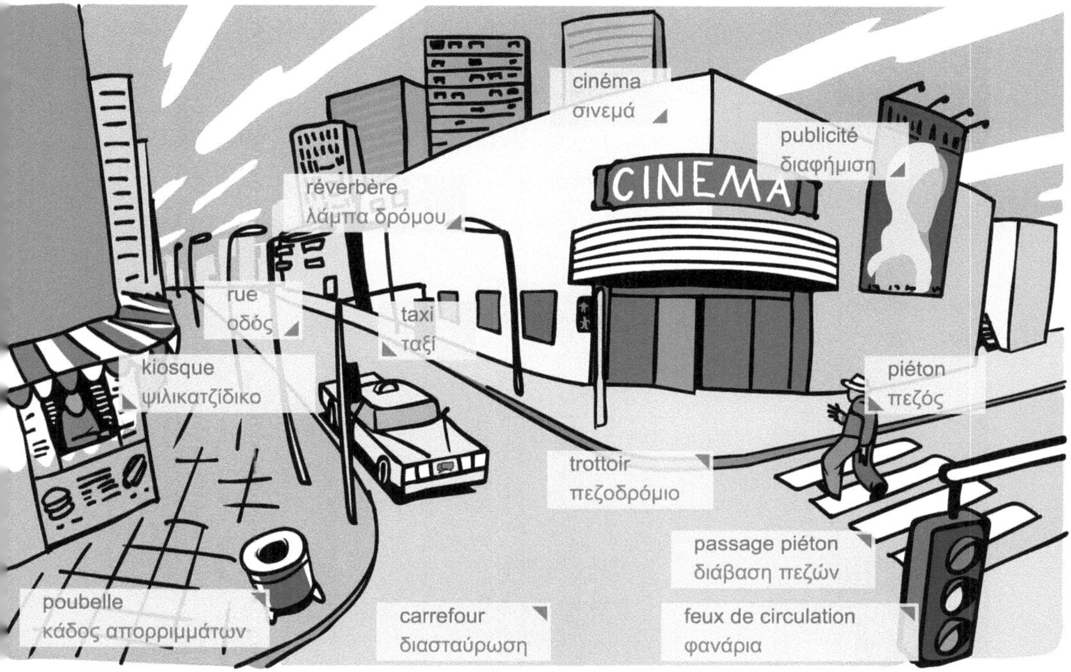

cinéma
σινεμά
CINEMA
publicité
διαφήμιση
réverbère
λάμπα δρόμου
rue
οδός
taxi
ταξί
kiosque
ψιλικατζίδικο
piéton
πεζός
trottoir
πεζοδρόμιο
passage piéton
διάβαση πεζών
poubelle
κάδος απορριμμάτων
carrefour
διασταύρωση
feux de circulation
φανάρια

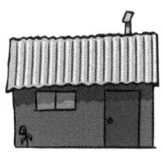

cabane

καλύβα

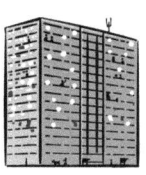

appartement

διαμέρισμα

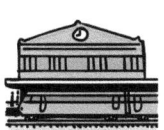

gare

σιδηροδρομικός σταθμός

mairie

δημαρχείο

MUSEUM

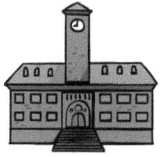

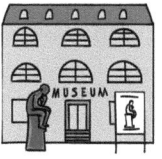

musée

μουσείο

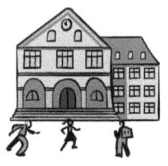

école

σχολείο

université

πανεπιστήμιο

banque

τράπεζα

hôpital

νοσοκομείο

hôtel

ξενοδοχείο

pharmacie

φαρμακείο

bureau

γραφείο

librairie

βιβλιοπωλείο

magasin

κατάστημα

fleuriste

ανθοπωλείο

supermarché

σούπερ μάρκετ

marché

αγορά

grand magasin

πολυκατάστημα

poissonnerie

ιχθυοπωλείο

centre commercial

εμπορικό κέντρο

port

λιμάνι

parc

πάρκο

banque

παγκάκι

pont

γέφυρα

escaliers

σκάλες

métro

μετρό

tunnel

τούνελ

arrêt de bus

στάση λεωφορείου

bar

μπαρ

restaurant

εστιατόριο

boîte à lettres

γραμματοκιβώτιο

panneau indicateur

πινακίδα δρόμου

parcmètre

παρκόμετρο

zoo

ζωολογικός κήπος

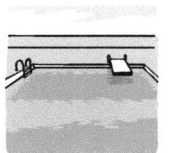

piscine

πισίνα

mosquée

τζαμί

ferme

αγρόκτημα

pollution

ρύπανση

cimetière

νεκροταφείο

église

εκκλησία

aire de jeux

παιδική χαρά

temple

ναός

paysage
τοπίο

feuille
φύλλο

panneau indicateur
πινακίδα κατεύθυνσης

chemin
δρόμος

pré
λιβάδι

pierre
πέτρα

arbre
δέντρο

randonneur
πεζοπόρος

rivière
ποτάμι

herbe
χορτάρι

fleur
λουλούδι

vallée
κοιλάδα

montagne
λόφος

lac
λίμνη

forêt
δάσος

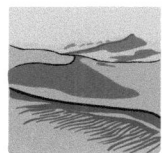

désert
έρημος

volcan
ηφαίστειο

château
κάστρο

arc-en-ciel
ουράνιο τόξο

champignon
μανιτάρι

palmier
φοίνικας

moustique
κουνούπι

mouche
μύγα

fourmis
μυρμήγκι

abeille
μέλισσα

araignée
αράχνη

coléoptère

σκαθάρι

grenouille

βάτραχος

écureuil

σκίουρος

hérisson

σκαντζόχοιρος

lièvre

λαγός

chouette

κουκουβάγια

oiseau

πουλί

cygne

κύκνος

sanglier

αγριογούρουνο

cerf

ελάφι

élan

άλκη

barrage

φράγμα

éolienne

ανεμογεννήτρια

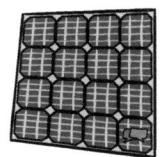

panneau solaire

ηλιακός συλλέκτης

climat

κλίμα

restaurant
εστιατόριο

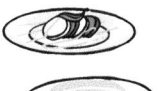

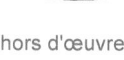

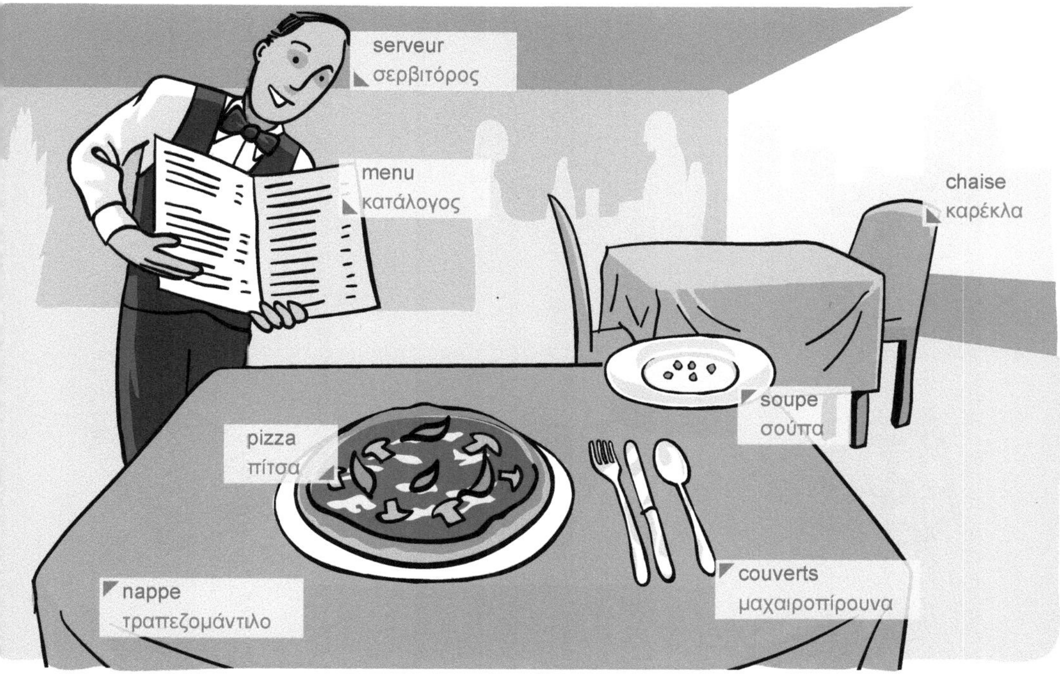
serveur
σερβιτόρος
menu
κατάλογος
chaise
καρέκλα
soupe
σούπα
pizza
πίτσα
couverts
μαχαιροπίρουνα
nappe
τραπεζομάντιλο

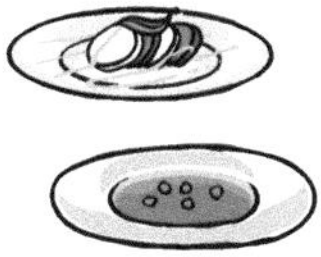

hors d'œuvre

ορεκτικό

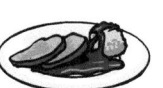

plat principal

κύριο πιάτο

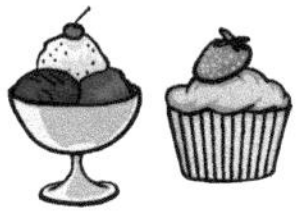

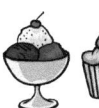

dessert

επιδόρπιο

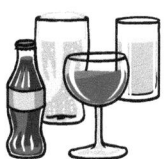

boissons

ποτά

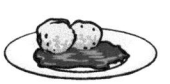

alimentation

φαγητό

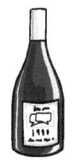

bouteille

μπουκάλι

fast-food

φαστ φουντ

plats à emporter

φαγητό στ' όρθιο

théière

τσαγιέρα

sucrier

δοχείο ζάχαρης

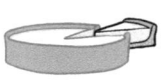

portion

μερίδα

machine à expresso

μηχανή εσπρέσο

chaise haute

ψηλή καρέκλα

facture

λογαριασμός

plateau

δίσκος

couteau

μαχαίρι

fourchette

πιρούνι

cuillère

κουτάλι

cuillère à thé

κουταλάκι του τσαγιού

serviette

πετσέτα φαγητού

verre

ποτήρι

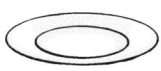

assiette

πιάτο

assiette à soupe

πιάτο σούπας

soucoupe

πιατάκι φλιτζανιού

sauce

σάλτσα

salière

αλατιέρα

moulin à poivre

μύλος για πιπέρι

vinaigre

ξύδι

huile

λάδι

épices

μπαχαρικά

ketchup

κέτσαπ

moutarde

μουστάρδα

mayonnaise

μαγιονέζα

supermarché

σούπερ μάρκετ

offre promotionnelle
προσφορά
FOR
client
πελάτης
produits laitiers
γαλακτοκομικά προϊόντα
fruits
φρούτα
chariot
καρότσι για ψώνια

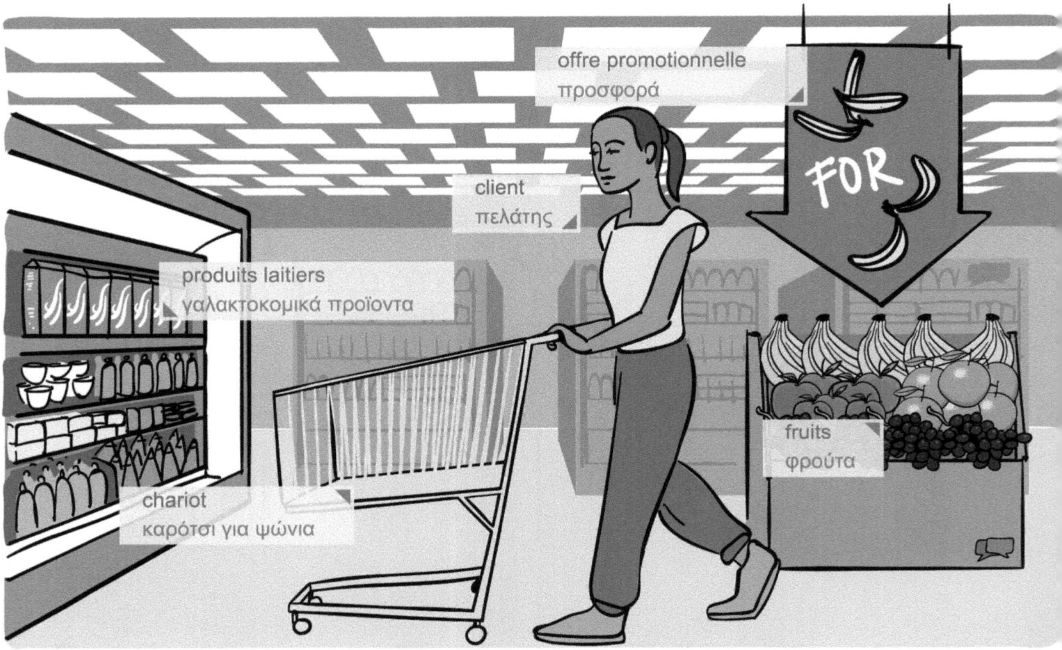

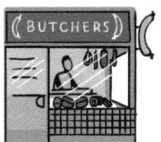

BUTCHERS
boucherie

κρεοπωλείο

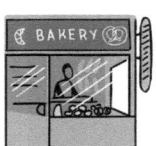

BAKERY
boulangerie

φούρνος

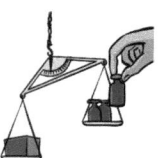

peser

ζυγίζω

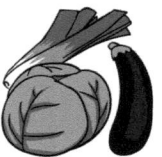

légumes

λαχανικά

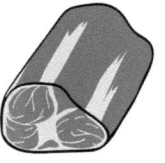

viande

κρέας

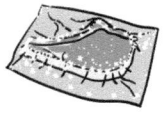

aliments surgelés

κατεψυγμένα τρόφιμα

charcuterie

αλλαντικά

conserves

κονσερβοποιημένη τροφή

poudre à lessive

απορρυπαντικό ρούχων

bonbons

γλυκά

articles ménagers

οικιακά είδη

détergents

καθαριστικά προϊόντα

vendeuse

πωλήτρια

caisse

ταμείο

caissier

ταμίας

liste d'achats

λίστα για ψώνια

heures d'ouverture

ωράριο λειτουργίας

portefeuille

πορτοφόλι

carte de crédit

πιστωτική κάρτα

sac

τσάντα

sac en plastique

πλαστική σακούλα

eau

νερό

jus de fruit

χυμός

lait

γάλα

coca

κόκα κόλα

vin

κρασί

bière

μπίρα

alcool

αλκοόλ

chocolat chaud

κακάο

thé

τσάι

café

καφές

expresso

εσπρέσο

cappuccino

καπουτσίνο

banane

μπανάνα

pomme

μήλο

orange

πορτοκάλι

melon

πεπόνι

citron

λεμόνι

carotte

καρότο

ail

σκόρδο

bambou

μπαμπού

oignon

κρεμμύδι

champignon

μανιτάρι

noisettes

ξηροί καρποί

pâtes

νουντλς

spaghetti

μακαρόνια

riz

ρύζι

salade

σαλάτα

pommes frites

πατατάκια

pommes de terre rôties

τηγανητές πατάτες

pizza

πίτσα

hamburger

χάμπουργκερ

sandwich

σάντουιτς

escalope

κοτολέτα

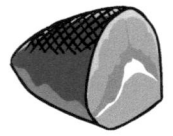

jambon

ζαμπόν

salami

σαλάμι

saucisse

λουκάνικο

poulet

κοτόπουλο

rôti

ψητό

poisson

ψάρι

flocons d'avoine

χυλός βρώμης

muesli

μούσλι

cornflakes

κορν φλέικς

farine

αλεύρι

croissant

κρουασάν

petits-pains

ψωμάκι

pain

ψωμί

pain grillé

τοστ

biscuits

μπισκότα

beurre

βούτυρο

le fromage blanc

τυρόπηγμα

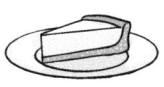

gâteau

κέικ

œuf

αυγό

œuf au plat

τηγανητό αυγό

fromage

τυρί

glace

παγωτό

sucre

ζάχαρη

miel

μέλι

confiture

μαρμελάδα

crème nougat

άλλειμμα σοκολάτας

curry

κάρυ

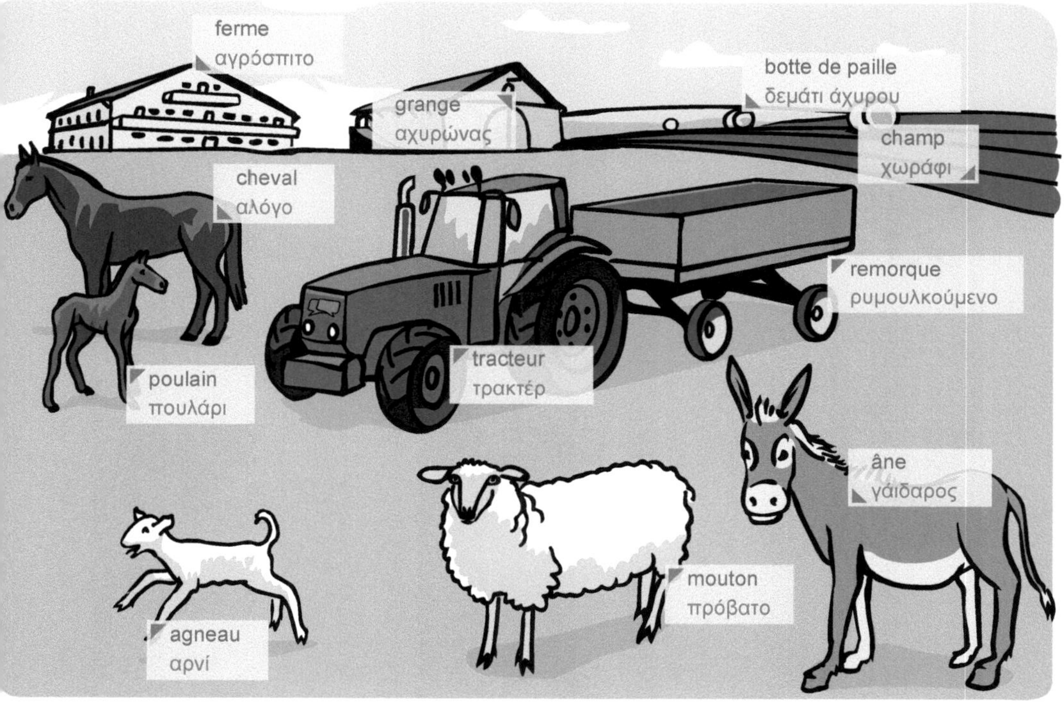

ferme
αγρόσπιτο

grange
αχυρώνας

botte de paille
δεμάτι άχυρου

champ
χωράφι

cheval
αλόγο

remorque
ρυμουλκούμενο

poulain
πουλάρι

tracteur
τρακτέρ

âne
γάιδαρος

mouton
πρόβατο

agneau
αρνί

chèvre
κατσίκα

vache
αγελάδα

veau
μοσχαράκι

porc
γουρούνι

porcelet
γουρουνάκι

taureau
ταύρος

oie

χήνα

canard

πάπια

poussin

κοτοπουλάκι

poule

κότα

coq

κόκορας

rat

αρουραίος

chat

γάτα

souris

ποντίκι

bœuf

βόδι

chien

σκύλος

chenil

σπιτάκι σκύλου

tuyau de jardin

λάστιχο κήπου

arrosoir

ποτιστήρι

faucheuse

θεριστήρι

charrue

αλέτρι

faucille

δρεπάνι

pioche

τσάπα

fourche

δίκρανο

hache

τσεκούρι

brouette

χειράμαξα

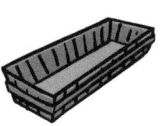

cuve

ταΐστρα

pot à lait

δοχείο γάλακτος

sac

σάκος

clôture

φράχτης

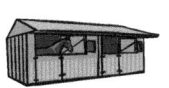

étable

στάβλος

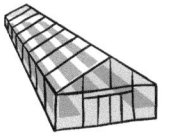

serre

θερμοκήπιο

sol

έδαφος

semences

σπόρος

engrais

λίπασμα

moissonneuse-batteuse

θεριζοαλωνιστική μηχανή

récolter
θερίζω

récolte
συγκομιδή

igname
γιαμς

blé
σιτάρι

soja
σόγια

pomme de terre
πατάτα

maïs
καλαμπόκι

colza
κράμβη

arbre fruitier
οπωροφόρο δέντρο

manioc
μανιόκα

céréales
δημητριακά

maison

σπίτι

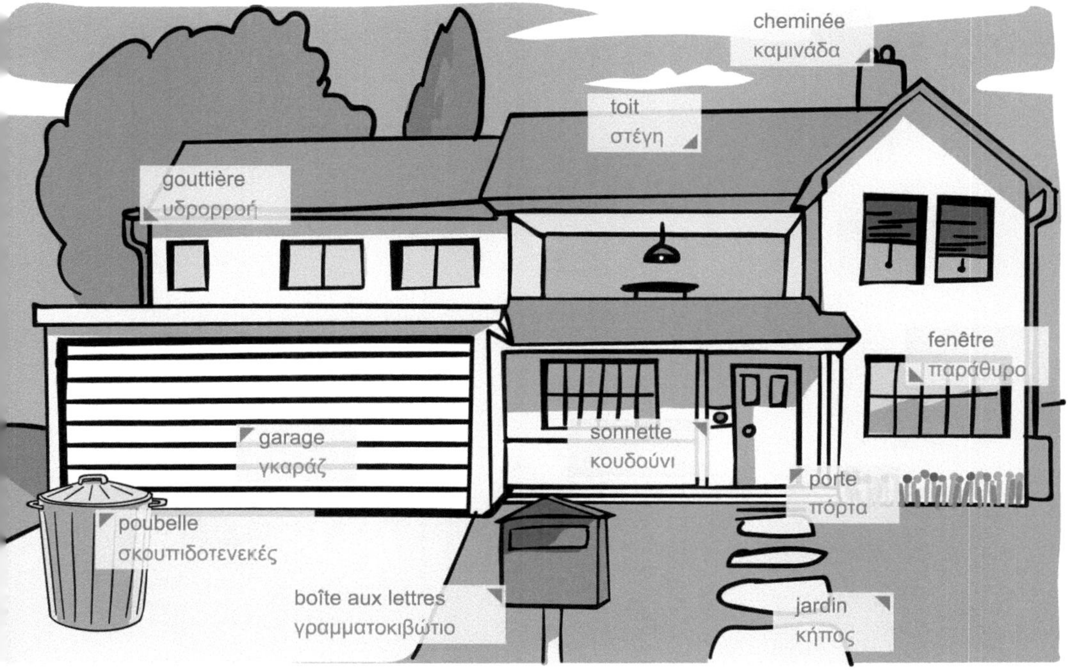
cheminée
καμινάδα
toit
στέγη
gouttière
υδρορροή
fenêtre
παράθυρο
garage
γκαράζ
sonnette
κουδούνι
porte
πόρτα
poubelle
σκουπιδοτενεκές
boîte aux lettres
γραμματοκιβώτιο
jardin
κήπος

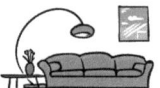

salon

σαλόνι

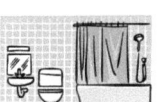

salle de bain

μπάνιο

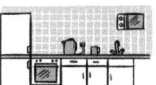

cuisine

κουζίνα

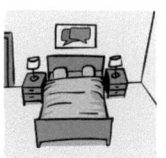

chambre à coucher

υπνοδωμάτιο

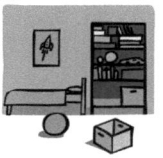

chambre d'enfant

παιδικό δωμάτιο

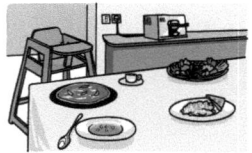

salle à manger

τραπεζαρία

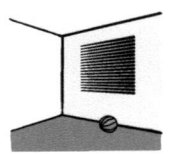

sol
πάτωμα

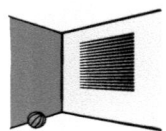

mur
τοίχος

plafond
οροφή

cave
κελάρι

sauna
σάουνα

balcon
μπαλκόνι

terrasse
βεράντα

piscine
πισίνα

tondeuse à gazon
μηχανή του γκαζόν

housse
σεντόνι

couette
κάλυμμα κρεβατιού

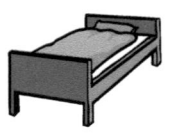

lit
κρεβάτι

balai
σκούπα

sceau
κουβάς

interrupteur
διακόπτης

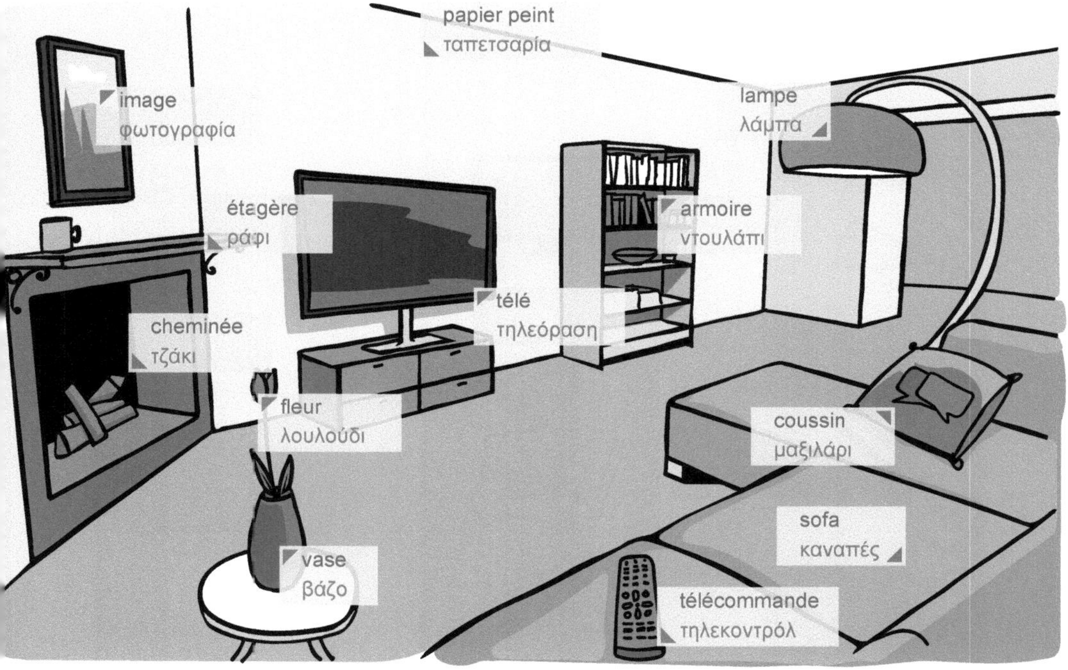

papier peint
ταπετσαρία

image
φωτογραφία

lampe
λάμπα

étagère
ράφι

armoire
ντουλάπι

télé
τηλεόραση

cheminée
τζάκι

fleur
λουλούδι

coussin
μαξιλάρι

sofa
καναπές

vase
βάζο

télécommande
τηλεκοντρόλ

tapis
χαλί

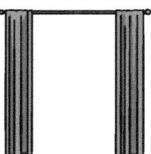

rideau
κουρτίνα

table
τραπέζι

chaise
καρέκλα

chaise à bascule
κουνιστή πολυθρόνα

fauteuil
πολυθρόνα

livre

βιβλίο

couverture

κουβέρτα

décoration

διακόσμηση

bois de chauffage

καυσόξυλα

film

ταινία

chaîne hi-fi

στερεοφωνικό σύστημα

clé

κλειδί

journal

εφημερίδα

peinture

πίνακας ζωγραφικής

poster

αφίσα

radio

ραδιόφωνο

bloc-notes

σημειωματάριο

aspirateur

ηλεκτρική σκούπα

cactus

κάκτος

bougie

κερί

cuisine
κουζίνα

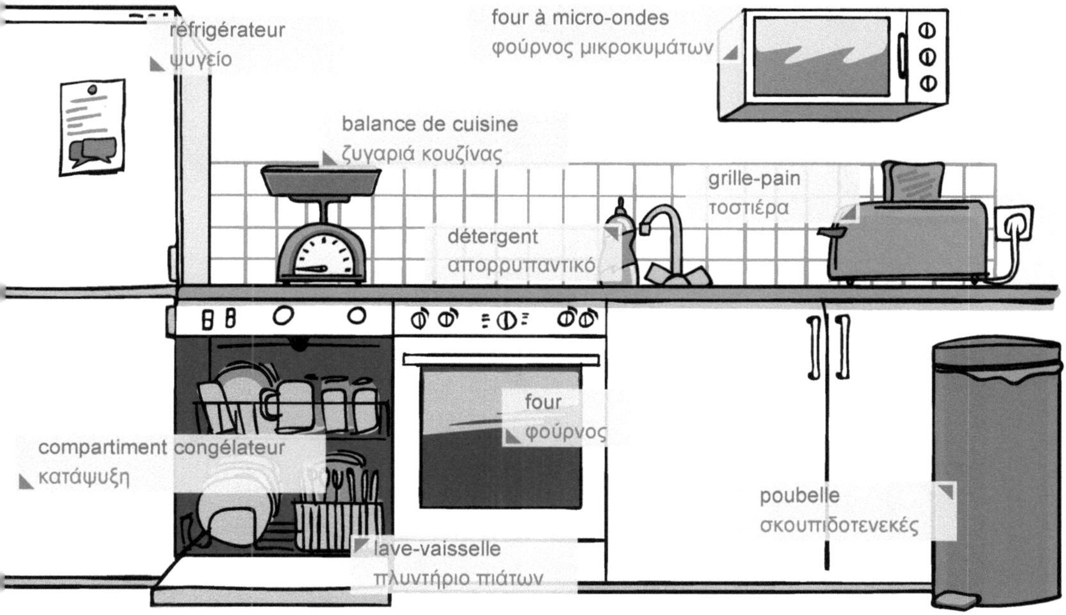

réfrigérateur
ψυγείο
four à micro-ondes
φούρνος μικροκυμάτων
balance de cuisine
ζυγαριά κουζίνας
grille-pain
τοστιέρα
détergent
απορρυπαντικό
four
φούρνος
compartiment congélateur
κατάψυξη
poubelle
σκουπιδοτενεκές
lave-vaisselle
πλυντήριο πιάτων

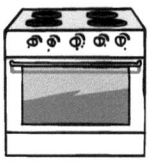

four
....
κουζίνα

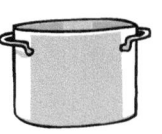

casserole
....
κατσαρόλα

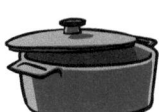

marmite
....
μαντεμένια κατσαρόλα

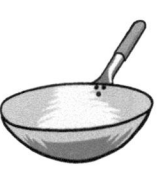

wok / kadai
....
γουόκ/καντάι

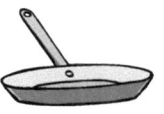

poêle
....
τηγάνι

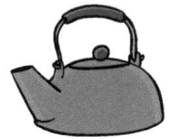

bouilloire electrique
....
βραστήρας

cuiseur vapeur

ατμομάγειρας

plaque de cuisson

ταψί

vaisselle

πιατικά

gobelet

κούπα

coupe

μπολ

baguettes

ξυλάκια

louche

κουτάλα

spatule

σπάτουλα

fouet

ανακατεύω

passoire

σουρωτήρι

tamis

σουρωτηράκι

râpe

τρίφτης

mortier

γουδί

barbecue

ψησταριά

cheminée

ανοιχτή φωτιά

planche à découper

σανίδα κοπής

rouleau à pâtisserie

πλάστης

tire-bouchon

ανοιχτήρι φελλών

boîte

κονσέρβα

ouvre-boîte

ανοιχτήρι κονσέρβας

maniques

γάντι φούρνου

lavabo

νεροχύτης

brosse

βούρτσα

éponge

σφουγγάρι

mixeur

μπλέντερ

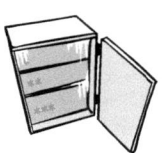

congélateur

καταψύκτης

biberon

μπιμπερό

robinet

βρύση

salle de bain

μπάνιο

douche
ντους
chauffage
θέρμανση
serviette
πετσέτα
rideau de douche
κουρτίνα ντουζ
bain moussant
αφρόλουτρο
baignoire
μπανιέρα
verre
ποτήρι
machine à laver
πλυντήριο ρούχων
robinet
βρύση
carrelage
πλακάκια
pot
γιογιό
lavabo
νεροχύτης

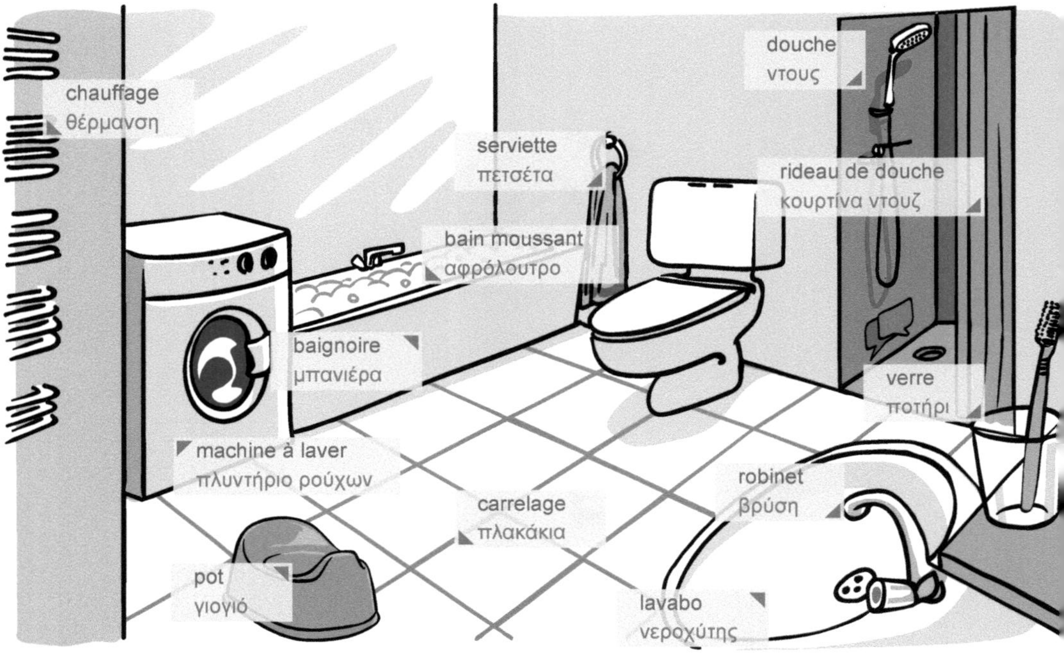

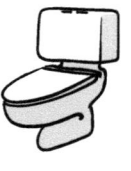

toilettes
τουαλέτα

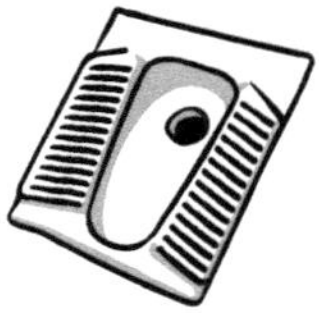

toilette à la turque
τούρκικη τουαλέτα

bidet
μπιντές

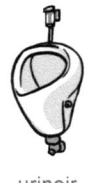

urinoir
ουρητήριο

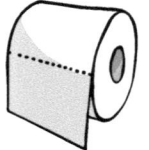

papier toilette
χαρτί υγείας

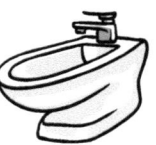

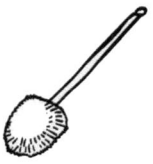

brosse à toilette
πιγκάλ

brosse à dents
οδοντόβουρτσα

dentifrice
οδοντόκρεμα

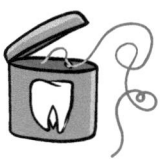

fil dentaire
οδοντικό νήμα

laver
πλένω

douche manuelle
τηλέφωνο ντους

douche intime
ντουσιέρα

vasque
λεκάνη

brosse dorsale
βούρτσα πλάτης

savon
σαπούνι

gel douche
αφρόλουτρο

shampooing
σαμπουάν

gant de toilette
φανέλα

écoulement
σιφόνι

crème
κρέμα

déodorant
αποσμητικό

miroir

καθρέφτης

miroir cosmétique

καθρέφτης χειρός

rasoir

ξυραφάκι

mousse à raser

αφρός ξυρίσματος

après-rasage

αφτερσέιβ

peigne

χτένα

brosse

βούρτσα

sèche-cheveux

σεσουάρ

laque pour cheveux

λακ

fond de teint

μακιγιάζ

rouge à lèvres

κραγιόν

vernis à ongles

βερνίκι νυχιών

ouate

βαμβάκι

coupe-ongles

ψαλίδι νυχιών

parfum

άρωμα

trousse de toilette

νεσεσέρ

tabouret

σκαμπό

pèse-personne

ζυγαριά

peignoir

μπουρνούζι

gants de nettoyage

ελαστικά γάντια

tampon

ταμπόν

serviettes hygiéniques

πετσέτα υγιεινής

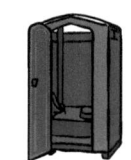

toilette chimique

χημική τουαλέτα

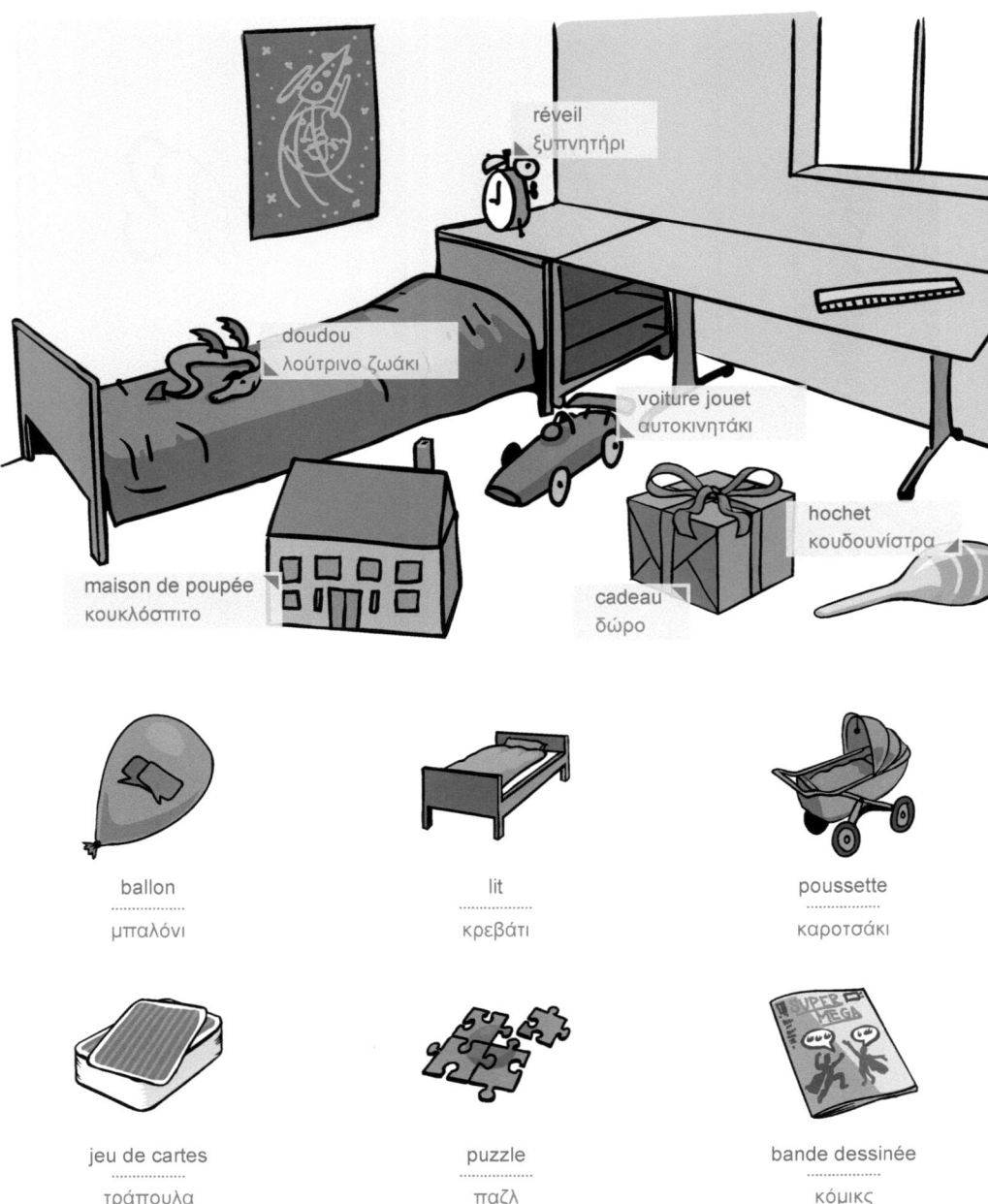

réveil
ξυπνητήρι

doudou
λούτρινο ζωάκι

voiture jouet
αυτοκινητάκι

hochet
κουδουνίστρα

maison de poupée
κουκλόσπιτο

cadeau
δώρο

ballon
μπαλόνι

lit
κρεβάτι

poussette
καροτσάκι

jeu de cartes
τράπουλα

puzzle
παζλ

bande dessinée
κόμικς

pièces lego

τουβλάκια lego

blocs de construction

τουβλάκια κατασκευών

figurine

φιγούρα δράσης

grenouillère

βρεφικό φορμάκι

frisbee

φρίσμπι

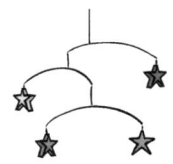

mobile

μόμπιλο

jeu de société

επιτραπέζιο παιχνίδι

dé

ζάρια

train miniature

σετ τρενάκι

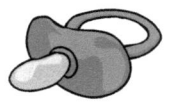

sucette

πιπίλα

fête

πάρτι

livre d'images

εικονογραφημένο βιβλίο

balle

μπάλα

poupée

κούκλα

jouer

παίζω

bac à sable

σκάμμα με άμμο

balançoire

κούνια

jouets

παιχνίδια

console de jeu

κονσόλα βιντεοπαιχνιδιών

tricycle

τρίκυκλο

ours en peluche

αρκουδάκι

armoire

ντουλάπα

vêtements
ρούχα

chaussettes

κάλτσες

bas

καλτσοδέτες

collant

καλσόν

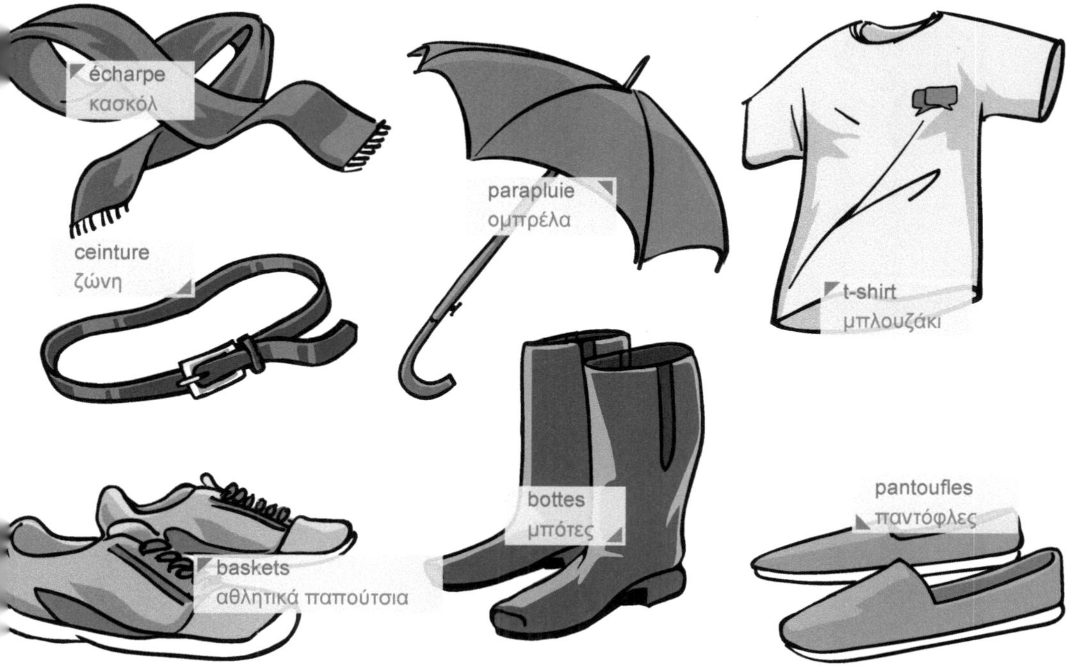

écharpe
κασκόλ

parapluie
ομπρέλα

t-shirt
μπλουζάκι

ceinture
ζώνη

bottes
μπότες

pantoufles
παντόφλες

baskets
αθλητικά παπούτσια

sandales
....
σανδάλια

chaussures
....
παπούτσια

bottes de caoutchouc
....
γαλότσες

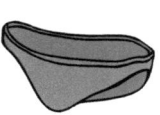

sous-vêtements
....
εσώρουχο

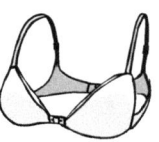

soutien-gorge
....
σουτιέν

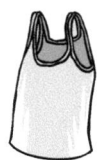

maillot de corps
....
φανέλα

body

σώμα

pantalon

παντελόνι

jean

τζιν παντελόνι

jupe

φούστα

chemisier

μπλούζα

chemise

πουκάμισο

pull

πουλόβερ

sweat à capuche

πουλόβερ

veste

σακάκι

veste

μπουφάν

manteau

παλτό

imperméable

αδιάβροχο πανωφόρι

costume

κοστούμι

robe

φόρεμα

robe de mariée

νυφικό

costume

κοστούμι

chemise de nuit

νυχτικό

pyjama

πιτζάμες

sari

σάρι

foulard

μαντήλι

turban

τουρμπάνι

burqa

μπούρκα

caftan

καφτάνι

abaya

μουσουλμανικό ένδυμα

maillot de bain

ολόσωμο μαγιό

maillot de bain

ανδρικό μαγιό

short

σορτς

tenue d'entraînement

αθλητική φόρμα

tablier

ποδιά

gants

γάντια

bouton

κουμπί

lunettes

γυαλιά

bracelet

βραχιόλι

collier

περιδέραιο

bague

δαχτυλίδι

boucle d'oreille

σκουλαρίκι

bonnet

καπέλο

cintre

κρεμάστρα

chapeau

καπέλο

cravate

γραβάτα

fermeture éclair

φερμουάρ

casque

κράνος

bretelles

τιράντες

uniforme scolaire

μαθητική στολή

uniforme

στολή

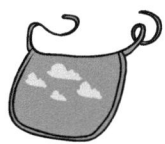

bavoir

σαλιάρα

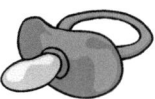

sucette

πιπίλα

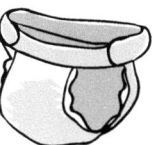

lange

πάνα

bureau
γραφείο

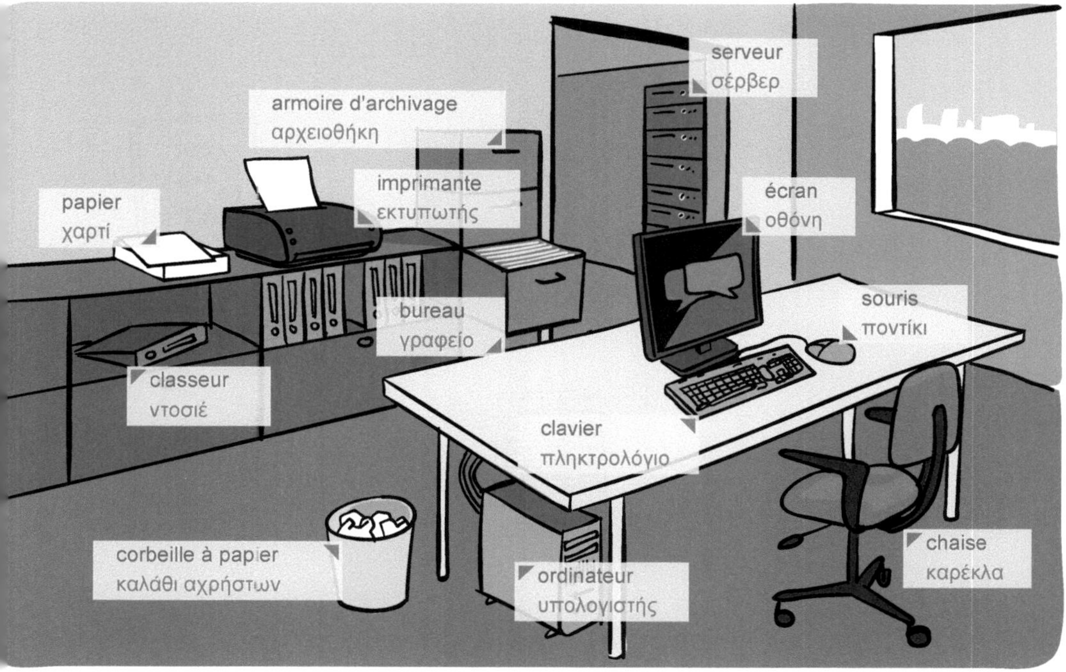

serveur
σέρβερ
armoire d'archivage
αρχειοθήκη
imprimante
εκτυπωτής
papier
χαρτί
écran
οθόνη
bureau
γραφείο
souris
ποντίκι
classeur
ντοσιέ
clavier
πληκτρολόγιο
corbeille à papier
καλάθι αχρήστων
ordinateur
υπολογιστής
chaise
καρέκλα

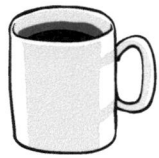

tasse de café

κούπα του καφέ

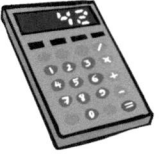

calculatrice

κομπιουτεράκι

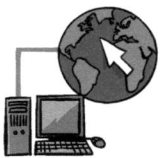

internet

ίντερνετ

ordinateur portable
λάπτοπ

lettre
γράμμα

message
μήνυμα

portable
κινητό

réseau
δίκτυο

photocopieuse
φωτοτυπικό μηχάνημα

logiciel
λογισμικό

téléphone
τηλέφωνο

prise
πρίζα

fax
συσκευή φαξ

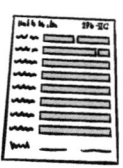

formulaire
έντυπο

document
έγγραφο

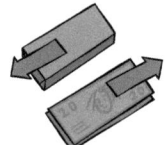

acheter

αγοράζω

payer

πληρώνω

faire du commerce

συναλλάσσομαι

monnaie

χρήματα

dollar

δολάριο

euro

ευρώ

yen

γιεν

rouble

ρούβλι

franc suisse

ελβετικό φράγκο

renminbi yuan

ρενμίνμπι γιουάν

roupie

ρουπία

distributeur automatique

ΑΤΜ (αυτόματη ταμειακή μηχανή)

bureau de change

ανταλλακτήρια
συναλλάγματος

or

χρυσός

argent

ασήμι

pétrole

πετρέλαιο

énergie

ενέργεια

prix

τιμή

contrat

συμβόλαιο

taxe

φόρος

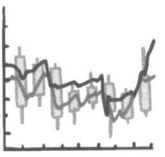

action

μετοχή

travailler

δουλεύω

employé

υπάλληλος

employeur

εργοδότης

usine

εργοστάσιο

magasin

κατάστημα

économie - οικονομία

professions
επαγγέλματα

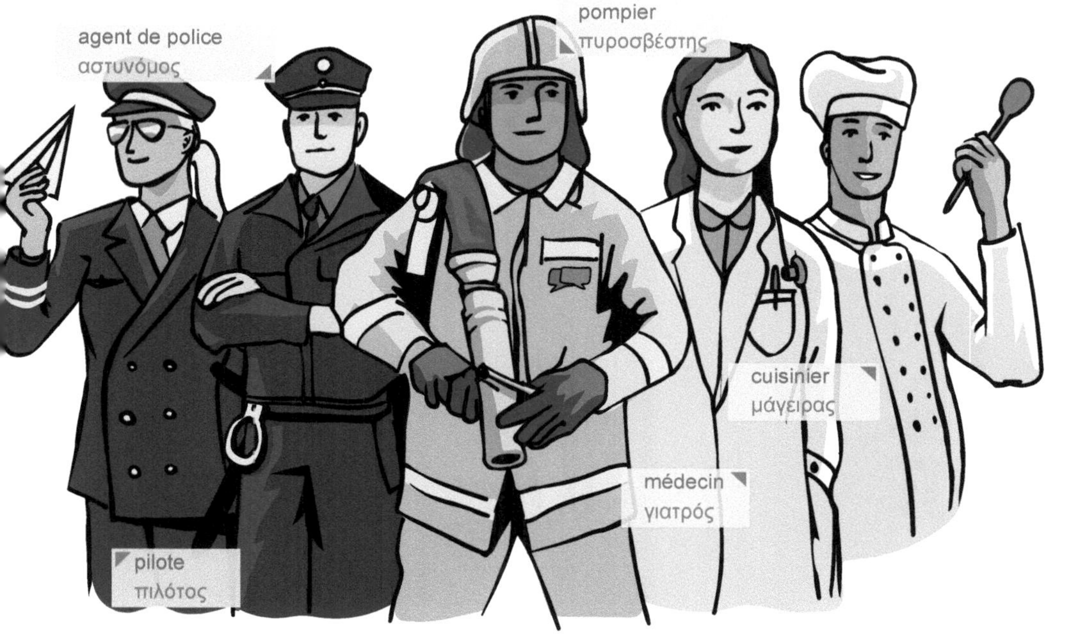

pompier
πυροσβέστης
agent de police
αστυνόμος
cuisinier
μάγειρας
médecin
γιατρός
pilote
πιλότος

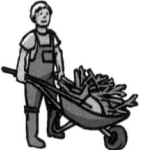

jardinier
κηπουρός

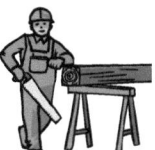

menuisier
ξυλουργός

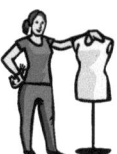

couturière
μοδίστρα

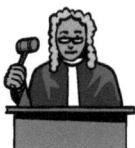

juge
δικαστής

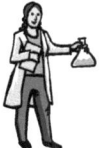

chimiste
χημικός

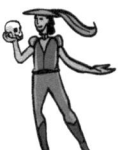

acteur
ηθοποιός

conducteur de bus

οδηγός λεωφορείου

chauffeur de taxi

ταξιτζής

pêcheur

ψαράς

femme de ménage

καθαρίστρια

couvreur

τεχνίτης στεγών

serveur

σερβιτόρος

chasseur

κυνηγός

peintre

ζωγράφος

boulanger

αρτοποιός

électricien

ηλεκτρολόγος

ouvrier

οικοδόμος

ingénieur

μηχανολόγος

boucher

κρεοπώλης

plombier

υδραυλικός

facteur

ταχυδρόμος

soldat

στρατιώτης

architecte

αρχιτέκτονας

caissier

ταμίας

fleuriste

ανθοπώλης

coiffeur

κομμωτής

contrôleur

ελεγκτής εισιτηρίων

mécanicien

μηχανικός

capitaine

καπετάνιος

dentiste

οδοντίατρος

scientifique

επιστήμονας

rabbin

ραβίνος

imam

ιμάμης

moine

μοναχός

prêtre

ιερέας

outils
εργαλεία

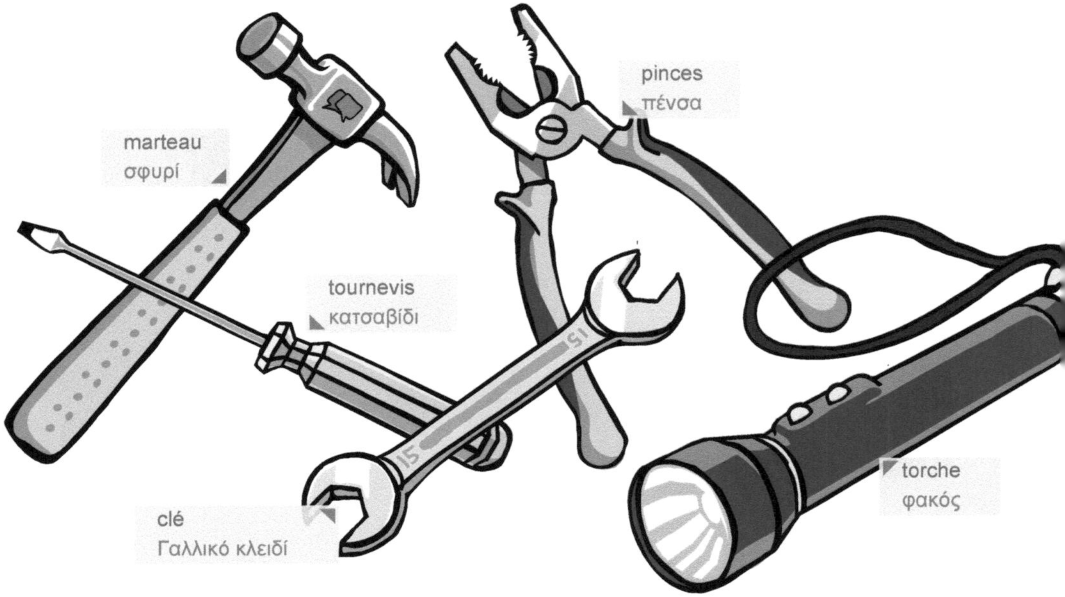

marteau
σφυρί
pinces
πένσα
tournevis
κατσαβίδι
clé
Γαλλικό κλειδί
torche
φακός

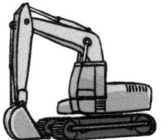

pelleteuse

εκσκαφέας

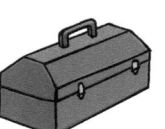

boîte à outils

εργαλειοθήκη

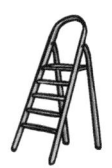

échelle

σκάλα

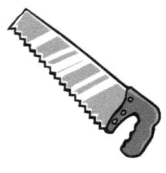

scie

πριόνι

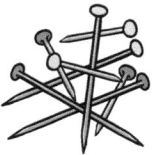

clous

καρφιά

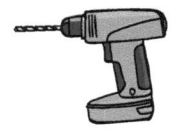

perceuse

τρυπάνι

réparer

επισκευάζω

pelle

φτυάρι

Mince !

Να πάρει!

pelle

φαράσι

pot de peinture

δοχείο χρωμάτων

vis

βίδες

instruments de musique
μουσικά όργανα

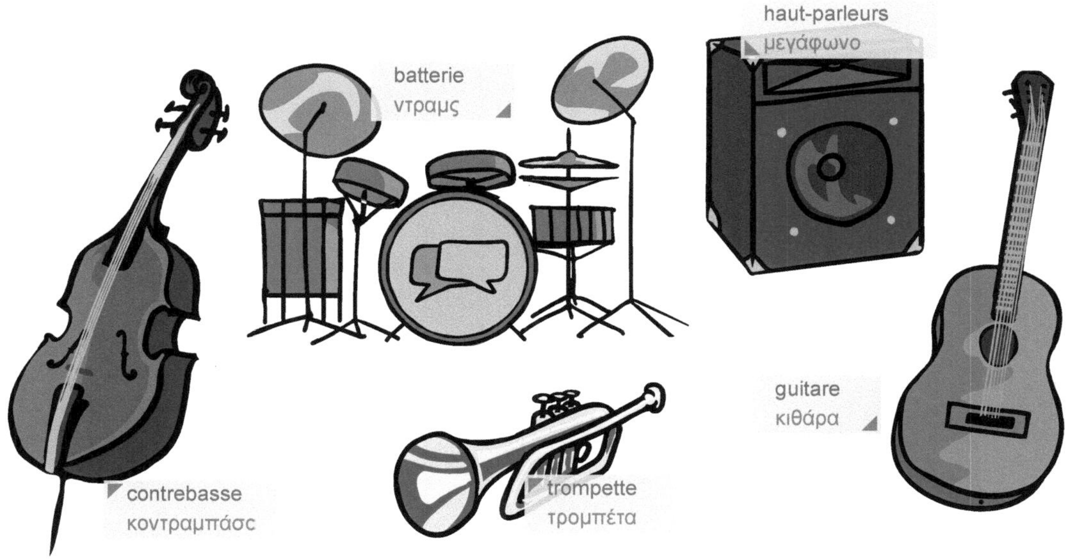

haut-parleurs
μεγάφωνο

batterie
ντραμς

guitare
κιθάρα

contrebasse
κοντραμπάσc

trompette
τρομπέτα

piano

πιάνο

violon

βιολί

basse

μπάσο

timbales

τύμπανα

tambour

τύμπανο

piano électrique

πλήκτρα

saxophone

σαξόφωνο

flûte

φλάουτο

microphone

μικρόφωνο

entrée
είσοδος

tigre
τίγρης

cage
κλουβί

zèbre
ζέβρα

alimentation animale
ζωοτροφή

panda
πάντα

animaux

ζώα

éléphant

ελέφαντας

kangourou

καγκουρό

rhinocéros

ρινόκερος

gorille

γορίλας

ours

αρκούδα

chameau

καμήλα

autruche

στρουθοκάμηλος

lion

λιοντάρι

singe

πίθηκος

flamand rose

φλαμίνγκο

perroquet

παπαγάλος

ours polaire

πολική αρκούδα

pingouin

πιγκουίνος

requin

καρχαρίας

paon

παγώνι

serpent

φίδι

crocodile

κροκόδειλος

gardien de zoo

φύλακας ζωολογικού κήπου

phoque

φώκια

jaguar

τζάγκουαρ

poney

πόνυ

léopard

λεοπάρδαλη

hippopotame

ιπποπόταμος

girafe

καμηλοπάρδαλη

aigle

αετός

sanglier

αγριογούρουνο

poisson

ψάρι

tortue

χελώνα

morse

θαλάσσιος ίππος

renard

αλεπού

gazelle

γαζέλα

zoo - ζωολογικός κήπος

american Football
Αμερικάνικο ποδόσφαιρο

cyclisme
ποδηλασία

tennis
αντισφαίριση

basket-ball
μπάσκετ

natation
κολύμβηση

boxe
πυγχαμία

hockey sur glace
χόκεϋ επί πάγου

football
....
ποδόσφαιρο

badminton
....
μπάντμιντον

athlétisme
....
στίβος

handball
....
χάντμπολ

ski
....
σκι

polo
....
πόλο

activités
δραστηριότητες

sauter
πηδάω
embrasser
αγκαλιάζω
rire
γελάω
marcher
περπατάω
chanter
τραγουδάω
rêver
ονειρεύομαι
prier
προσεύχομαι
faire la bise
φιλάω

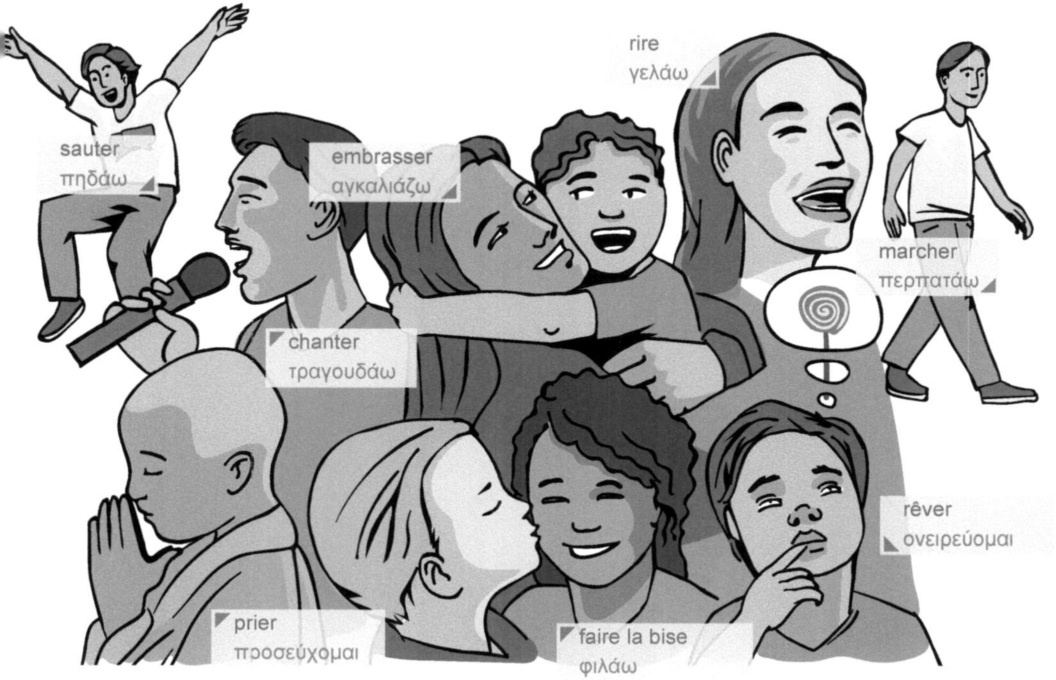

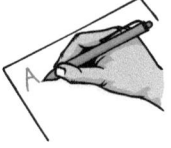

écrire

γράφω

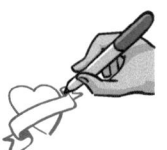

dessiner

σχεδιάζω

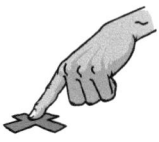

montrer

δείχνω

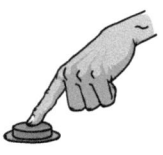

pousser

πιέζω

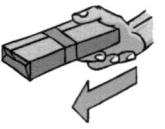

donner

δίνω

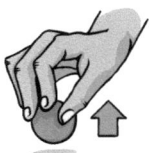

prendre

παίρνω

avoir

έχω

faire

κάνω

être

είμαι

être debout

στέκομαι

courir

τρέχω

trier

τραβάω

jeter

ρίχνω

tomber

πέφτω

être couché

ξαπλώνω

attendre

περιμένω

porter

κουβαλώ

être assis

κάθομαι

s'habiller

φοράω

dormir

κοιμάμαι

se réveiller

ξυπνάω

regarder

κοιτάω

pleurer

κλαίω

caresser

χαϊδεύω

peigner

χτενίζω

parler

μιλάω

comprendre

καταλαβαίνω

demander

ρωτάω

écouter

ακούω

boire

πίνω

manger

τρώω

ranger

συγυρίζω

aimer

αγαπάω

cuire

μαγειρεύω

conduire

οδηγώ

voler

πετάω

faire de la voile

κάνω ιστιοπλοΐα

calculer

υπολογίζω

lire

διαβάζω

apprendre

μαθαίνω

travailler

δουλεύω

se marier

παντρεύομαι

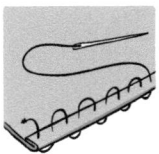

coudre

ράβω

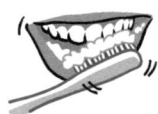

brosser les dents

βουρτσίζω τα δόντια

tuer

σκοτώνω

fumer

καπνίζω

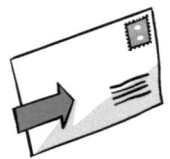

envoyer

στέλνω

grand-mère
γιαγιά

grand-père
παππούς

père
πατέρας

mère
μητέρα

bébé
μωρό

fille
κόρη

fils
γιος

hôte

καλεσμένος

tante

θεία

oncle

θείος

frère

αδελφός

sœur

αδελφή

corps

σώμα

front
μέτωπο
œil
μάτι
épaule
ώμος
doigt
δάχτυλο
visage
πρόσωπο
menton
πιγούνι
main
χέρι
jambe
πόδι
poitrine
στήθος
bras
βραχίονας

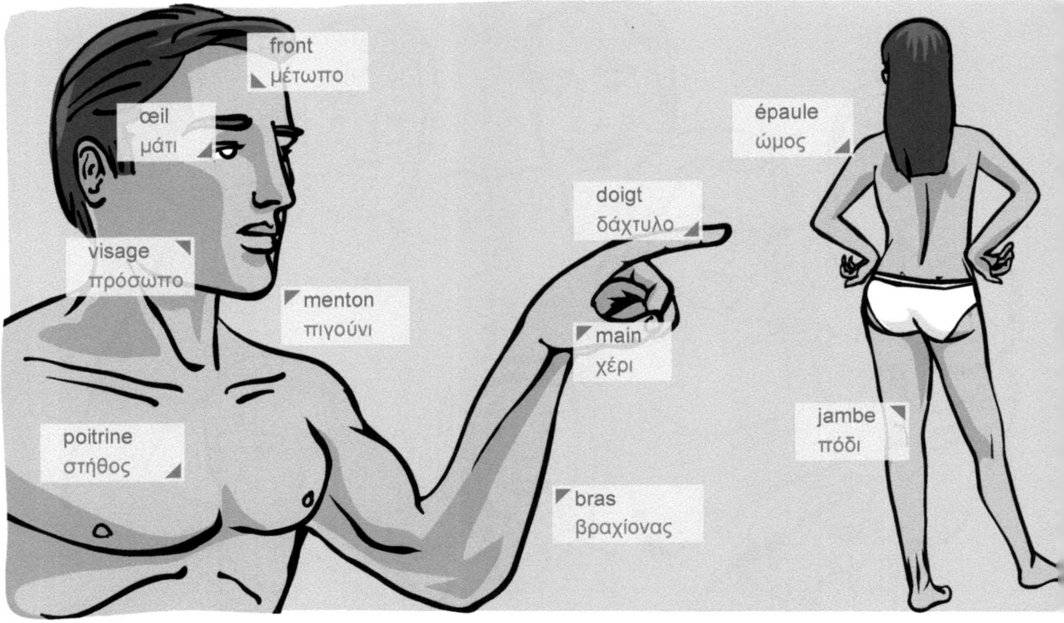

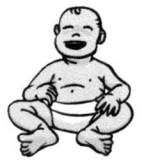

bébé

μωρό

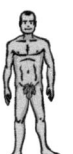

homme

άνδρας

femme

γυναίκα

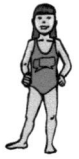

fille

κορίτσι

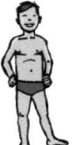

garçon

αγόρι

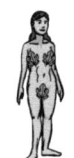

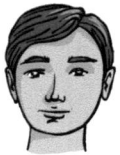

tête

κεφάλι

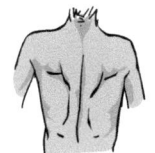

dos

πλάτη

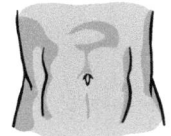

ventre

κοιλιά

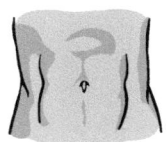

nombril

αφαλός

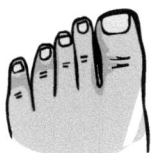

orteil

δάχτυλο ποδιού

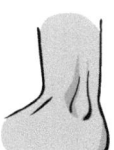

talon

φτέρνα

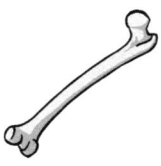

os

κόκκαλο

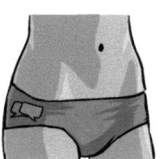

hanche

γοφός

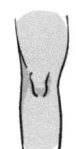

genou

γόνατο

coude

αγκώνας

nez

μύτη

fesses

γλουτός

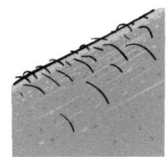

peau

δέρμα

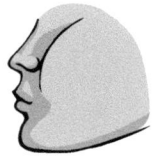

joue

μάγουλο

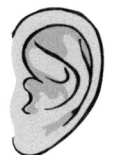

oreille

αυτί

lèvre

χείλος

bouche

στόμα

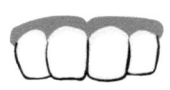

dent

δόντι

langue

γλώσσα

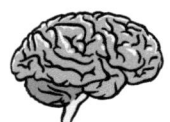

cerveau

εγκέφαλος

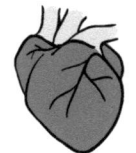

cœur

καρδιά

muscle

μυς

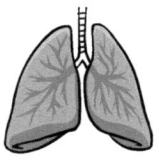

poumons

πνεύμονας

foie

συκώτι

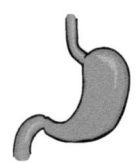

estomac

στομάχι

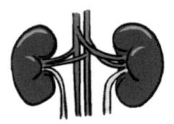

reins

νεφρά

rapport sexuel

σεξουαλική επαφή

préservatif

προφυλακτικό

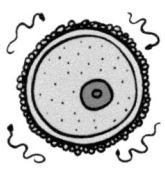

ovule

ωάριο

sperme

σπέρμα

grossesse

εγκυμοσύνη

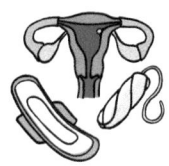

menstruation

περίοδος

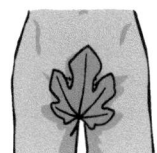

vagin

γυναικείος κόλπος

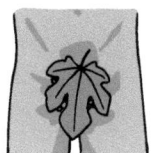

pénis

πέος

sourcil

φρύδι

cheveux

μαλλιά

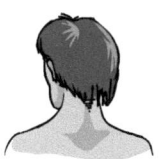

cou

λαιμός

hôpital
νοσοκομείο

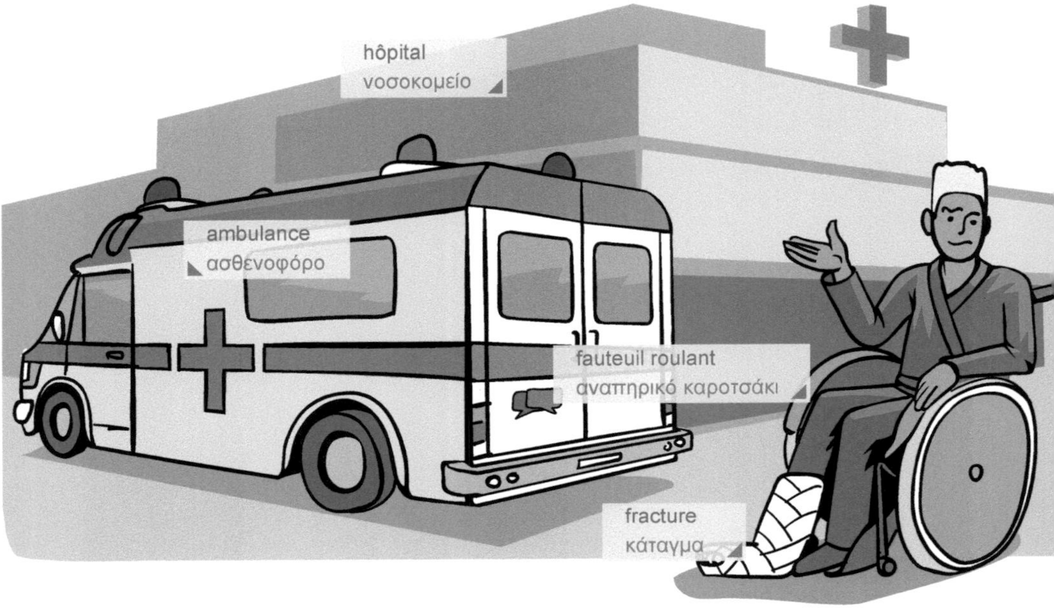

hôpital
νοσοκομείο
ambulance
ασθενοφόρο
fauteuil roulant
αναπηρικό καροτσάκι
fracture
κάταγμα

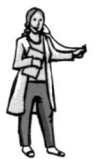

médecin

γιατρός

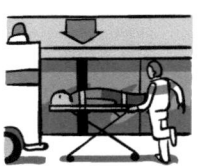

service des urgences

μονάδα εντατικής θεραπείας

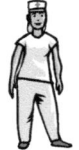

infirmière

νοσοκόμα

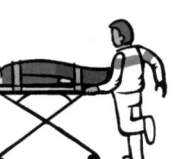

urgence

έκτακτη ανάγκη

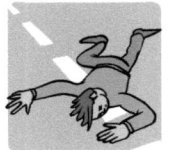

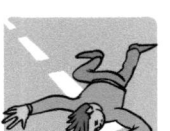

inconscient

λιπόθυμος

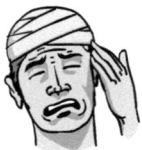

douleur

πόνος

blessure

τραύμα

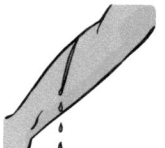

hémorragie

αιμορραγία

crise cardiaque

έμφραγμα

attaque cérébrale

εγκεφαλικό

allergie

αλλεργία

toux

βήχας

fièvre

πυρετός

grippe

γρίπη

diarrhée

διάρροια

mal de tête

πονοκέφαλος

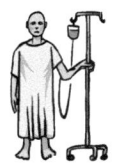

cancer

καρκίνος

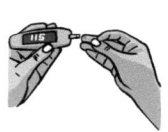

diabète

διαβήτης

chirurgien

χειρουργός

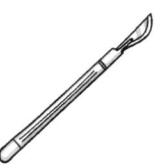

scalpel

νυστέρι

opération

εγχείρηση

CT

αξονική τομογραφία

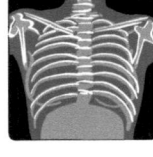

radiographie

ακτινογραφία

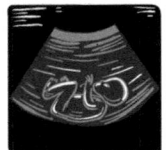

échographie

υπέρηχος

masque

μάσκα

maladie

ασθένεια

salle d'attente

αίθουσα αναμονής

béquille

πατερίτσα

pansement

χάνσαπλαστ

pansement

επίδεσμος

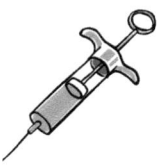

injection

ένεση

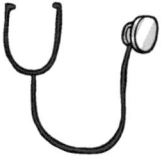

stéthoscope

στηθοσκόπιο

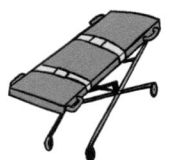

brancard

φορείο

thermomètre

θερμόμετρο

accouchement

γέννηση

surcharge pondérale

υπέρβαρο

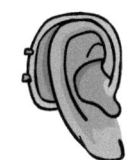

appareil auditif

ακουστικό βαρηκοΐας

désinfectant

αντισηπτικό

infection

λοίμωξη

virus

ιός

VIH / sida

HIV/AIDS

médicament

φάρμακο

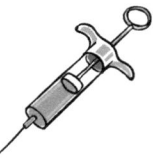

vaccination

εμβολιασμός

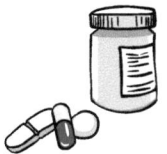

comprimés

δισκία

pilule

χάπι

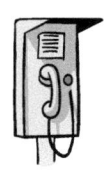

appel d'urgence

κλήση έκτακτης ανάγκης

tensiomètre

πιεσόμετρο αίματος

malade / sain

άρρωστος / υγιής

Au secours !

Βοήθεια!

alarme

συναγερμός

assaut

βιαιοπραγία

attaque

επίθεση

danger

κίνδυνος

sortie de secours

έξοδος κινδύνου

Au feu!

Φωτιά!

extincteur

πυροσβεστήρας

accident

ατύχημα

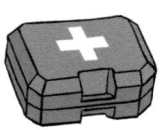

trousse de premier secours

κουτί πρώτων βοηθειών

SOS

SOS

police

αστυνομία

Europe

Ευρώπη

Amérique du Nord

Βόρεια Αμερική

Amérique du Sud

Νότια Αμερική

Afrique

Αφρική

Asie

Ασία

Australie

Αυστραλία

Océan atlantique

Ατλαντικός Ωκεανός

Océan pacifique

Ειρηνικός Ωκεανός

Océan indien

Ινδικός Ωκεανός

Océan antarctique

Ανταρκτικός Ωκεανός

Océan arctique

Αρκτικός Ωκεανός

pôle nord

Βόρειος Πόλος

pôle sud

Νότιος Πόλος

Antarctique

Ανταρκτική

terre

Γη

pays

γη

mer

θάλασσα

île

νησί

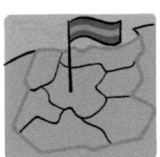

nation

έθνος

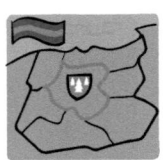

état

πολιτεία

cadran

καντράν ρολογιού

aiguille des heures

ωροδείκτης

aiguille des minutes

λεπτοδείκτης

aiguille des secondes

δείκτης δευτερολέπτων

Quelle heure est-il ?

Τι ώρα είναι;

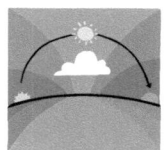

jour

ημέρα

temps

χρόνος

maintenant

τώρα

montre digitale

ψηφιακό ρολόι

minute

λεπτό

heure

ώρα

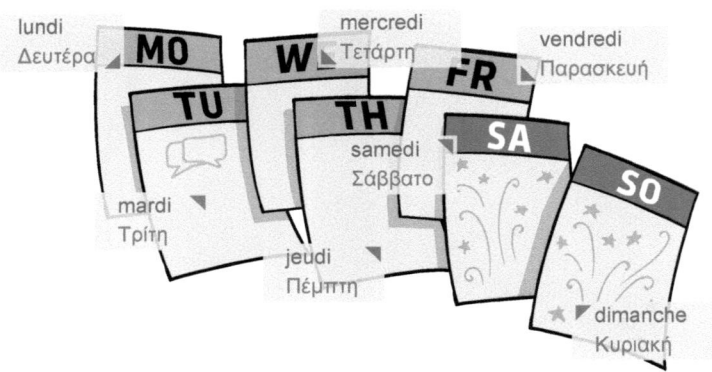

lundi / Δευτέρα
mardi / Τρίτη
mercredi / Τετάρτη
jeudi / Πέμπτη
vendredi / Παρασκευή
samedi / Σάββατο
dimanche / Κυριακή

hier
χθες

aujourd'hui
σήμερα

demain
αύριο

matin
πρωί

midi
μεσημέρι

soir
βράδυ

MO	TU	WE	TH	FR	SA	SU
1	2	3	4	5	6	7
8	9	10	11	12	13	14
15	16	17	18	19	20	21
22	23	24	25	26	27	28
29	30	31	1	2	3	4

jours ouvrables
εργάσιμες ημέρες

MO	TU	WE	TH	FR	SA	SU
1	2	3	4	5	6	7
8	9	10	11	12	13	14
15	16	17	18	19	20	21
22	23	24	25	26	27	28
29	30	31	1	2	3	4

week-end
Σαββατοκύριακο

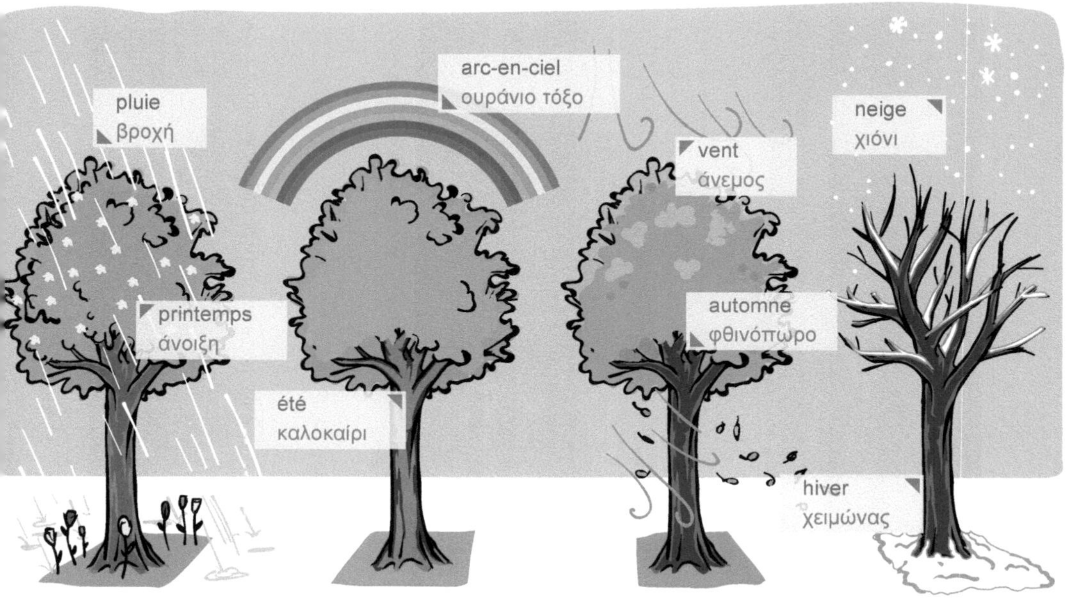

pluie
βροχή

arc-en-ciel
ουράνιο τόξο

vent
άνεμος

neige
χιόνι

printemps
άνοιξη

automne
φθινόπωρο

été
καλοκαίρι

hiver
χειμώνας

météo
πρόγνωση καιρού

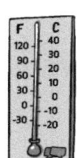

thermomètre
θερμόμετρο

lumière du soleil
λιακάδα

nuage
σύννεφο

brouillard
ομίχλη

humidité
υγρασία

foudre

αστραπή

tonnerre

κεραυνός

tempête

καταιγίδα

grêle

χαλάζι

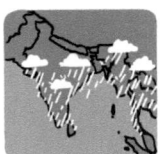

mousson

μουσώνας

inondation

πλημμύρα

glace

πάγος

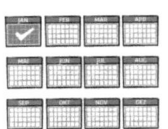

janvier

Ιανουάριος

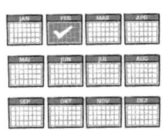

février

Φεβρουάριος

mars

Μάρτιος

avril

Απρίλιος

mai

Μάιος

juin

Ιούνιος

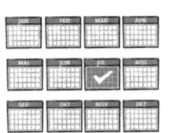

juillet

Ιούλιος

août

Αύγουστος

82

année - έτος

septembre
....
Σεπτέμβριος

octobre
....
Οκτώβριος

novembre
....
Νοέμβριος

décembre
....
Δεκέμβριος

formes
σχήματα

cercle
....
κύκλος

carré
....
τετράγωνο

rectangle
....
ορθογώνιο
παραλληλόγραμμο

triangle
....
τρίγωνο

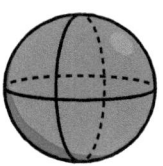

sphère
....
σφαίρα

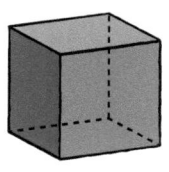

cube
....
κύβος

blanc

άσπρο

jaune

κίτρινο

orange

πορτοκαλί

rose

ροζ

rouge

κόκκινο

violet

μωβ

bleu

μπλε

vert

πράσινο

marron

καφέ

gris

γκρι

noir

μαύρο

beaucoup / peu

πολύ / λίγο

fâché / calme

θυμωμένος / ήρεμος

joli / laid

όμορφος / άσχημος

début / fin

αρχή / τέλος

grand / petit

μεγάλος / μικρός

clair / obscure

φωτεινός / σκοτεινός

frère / soeur

αδελφός / αδελφή

propre / sale

καθαρός / λερωμένος

complet / incomplet

πλήρης / ατελής

jour / nuit

ημέρα / νύχτα

mort / vivant

νεκρός / ζωντανός

large / étroit

φαρδύς / στενός

comestible / incomestible

βρώσιμος / μη βρώσιμος

méchant / gentil

κακός / ευγενικός

excité / ennuyé

ενθουσιασμένος / βαριεστημένος

gros / mince

παχύς / λεπτός

premier / dernier

πρώτος / τελευταίος

ami / ennemi

φίλος / εχθρός

plein / vide

γεμάτος / άδειος

dur / souple

σκληρός / μαλακός

lourd / léger

βαρύς / ελαφρύς

faim / soif

πείνα / δίψα

malade / sain

άρρωστος / υγιής

illégal / légal

παράνομος / νόμιμος

intelligent / stupide

έξυπνος / χαζός

gauche / droite

αριστερός / δεξιός

proche / loin

κοντινός / μακρινός

nouveau / usé

καινούριος /
μεταχειρισμένος

rien / quelque chose

τίποτα / κάτι

vieux / jeune

γέρος | νέος

marche / arrêt

αναμμένος / σβηστός

ouvert / fermé

ανοιχτός / κλειστός

faible / fort

χαμηλόφωνος /
μεγαλόφωνος

riche / pauvre

πλούσιος / φτωχός

correct / incorrect

σωστός / λανθασμένος

rugueux / lisse

τραχύς / λείος

triste / heureux

λυπημένος / χαρούμενος

court / long

κοντός / μακρύς

lent / rapide

αργός / γρήγορος

mouillé / sec

υγρός / στεγνός

chaud / froid

ζεστός / δροσερός

guerre / paix

πόλεμος / ειρήνη

0

zéro

μηδέν

1

un / une

ένα

2

deux

δύο

3

trois

τρία

4

quatre

τέσσερα

5

cinq

πέντε

6

six

έξι

7

sept

εφτά

8

huit

οκτώ

9

neuf

εννιά

10

dix

δέκα

11

onze

έντεκα

12

douze

δώδεκα

13

treize

δεκατρία

14

quatorze

δεκατέσσερα

15

quinze

δεκαπέντε

16

seize

δεκαέξι

17

dix-sept

δεκαεφτά

18

dix-huit

δεκαοκτώ

19

dix-neuf

δεκαεννέα

20

vingt

είκοσι

100

cent

εκατό

1.000

mille

χίλια

1.000.000

million

εκατομμύριο

anglais

Αγγλικά

anglais américain

Αμερικάνικα Αγγλικά

chinois mandarin

Μανδαρίνικα Κινέζικα

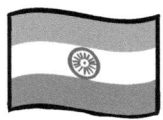

hindi

Χίντι

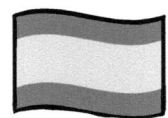

espagnol

Ισπανικά

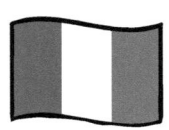

français

Γαλλικά

arabe

Αραβικά

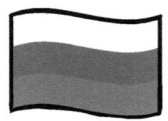

russe

Ρώσικα

portugais

Πορτογαλικά

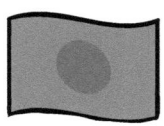

bengali

Μπενγκάλι

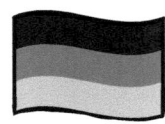

allemand

Γερμανικά

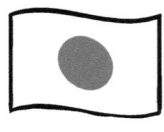

japonais

Ιαπωνικά

je

εγώ

tu

εσύ

il / elle / ce, c', cela

αυτός / αυτή / αυτό

nous

εμείς

vous

εσείς

ils / elles

αυτοί / αυτές / αυτά

Qui ?

ποιος / ποια / ποιο;

Quoi ?

τι;

Comment ?

πώς;

Où ?

πού;

Quand ?

πότε;

nom

όνομα

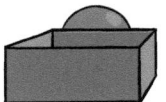

derrière

πίσω

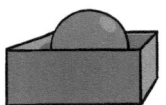

dans

μέσα

devant

μπροστά

au-dessus

πάνω από

sur

πάνω

en-dessous

κάτω

à côté de

δίπλα

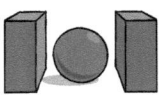

entre

ανάμεσα

lieu

μέρος